プレゼント
横尾香央留

なにかを つくる時、むこう側に 相手が いないと つくれません。

誰かに 会った時、誰かのことを 思った時、

"これを プレゼントしたい" と うかぶ 瞬間が あります。

思いたったら すぐに つくらないと 気がすまず、材料を 買いそろえる ことさえ わずらわしい。

足りないものは 今 ここにある なにかで 代用、と

突発的に だだーっと つくり出すことも しばしば。

できたもの を あとで 見直すと、自分でも どうやって つくったのか わからなかったり。

逆に 思いうかんだものの、それを つくるためには "どうしても あれが 必要"

"もう少し 自分に よゆうが ある時 じゃないと…" と

完璧を 求めすぎて 先延ばしに なるものも。

相手が ひとり ひとり ちがうと、つくり方、考え方、ペースも ひとつ ひとつ ちがってきます。

わたしは ひとりなのに、ふしぎ。

そうして できたもの を プレゼントする時、相手の反応が たのしみだけど こわくって

手渡したと 同時に 走って その場から 逃げたくなります。

この本を 手にしてくれた方に、自分なりのプレゼント方法で

あの 独特な 気持ちを あじわってもらえたら

わたしは とても うれしいです。

目次

急須のポッチカバー	6〜7
ぶたのバッジ	8〜9
お礼の餃子	10〜11
ルームシューズ	12〜15
うさぎのしおり	16〜19
カメラケース	20〜23
骨壺カバー	24〜27
刺繍ハガキ	28〜29
父の店の前掛け	30〜31
花嫁さんのブルーのバンド	32〜33
妊婦さんのお腹あっため	34〜35
お誕生日カード	36〜39
パスポートケース	40〜43
ハッピー バウスデイ スリッパ	44〜47
ペン立て	48〜51
クマTシャツ	52〜55
タナカケイコ人形	56〜59
ホンマカメラ タオル	60
名刺入れ	61〜63
ご祝儀袋	64〜67

赤ちゃん帽	68〜71

歯列矯正入れ	72〜75

マグネット	94〜95

編み方	99〜105

白いラインのスニーカー	78〜79

うちわ	80〜81

紙のバッジ 板のバッジ	82〜83

マンドリルポーチ	84〜85

首巻き	88〜89

猫のコード束ね	90〜91

原木椎茸の精	92〜93

y ○ k ○

急須のポッチカバー

母 みつこは、ある日突然「私、喫茶店やるわ。歩いてたら いい物件が 空いてたの」

と 告げた。 しかも すでに おさえてきた という。 なんという 大胆な 行動だろう。

父の 日本酒と 料理の 店を 手伝っていた 母は

「私がやりたいのは これじゃない!」と 常々 言っていた。 そして ほんとうに

やりたかったことを、あれよ あれよ という間に ほんとうに 始めてしまったのだ。

喫茶店を やりたいというのは、おじいちゃんの 夢でも あった。

お店を 始めて 少しの間、わたしも 手伝いをしていた。

お店の子は 母のことを "みつこさん" と 呼ぶので

わたしひとり "お母さん" も おかしいから 一緒に "みつこさん" と 呼ぶことにした。

人と接するのが 大好きで にこやかな みつこさん とは 正反対な わたしは

「100円のお返しです」さえ、うまく 言えず、いつの間にか お店から 姿を消した。

それからも "お母さん" に もどす タイミングを 失い、

いまでも "みつこさん" と 呼びつづけている。

みつこさんの お店で 使っている 急須。

ふたの ポッチが 熱くなるというので、毛糸で ポッチカバー を 編んで あげた。

つくり方 P101→

> ぶたのバッジ

コモリの 黒くて 大きな リュックには たくさんの バッジが ついている。

自分で 買ったの、ともだちから もらったの、仕事関係の、ひろったの。

その 全部が まぜこぜに なって、コモリの 人柄が みえてくる。

あの バッジの 中に、ゆらゆら ゆれる バッジが あっても いいんじゃないかと 思い

お菓子の おまけ みたいな 虹と ぶたの バッジ。

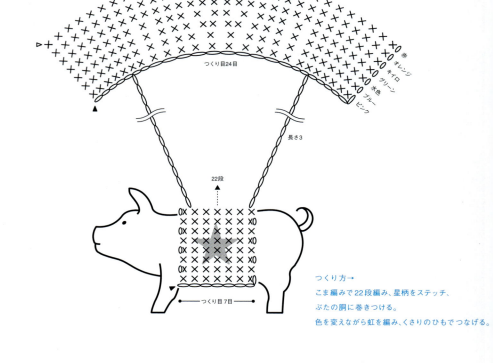

つくり方→
こま編みで22段編み、星柄をステッチ、
ぶたの胴に巻きつける。
色を変えながら虹を編み、くさりのひもでつなげる。

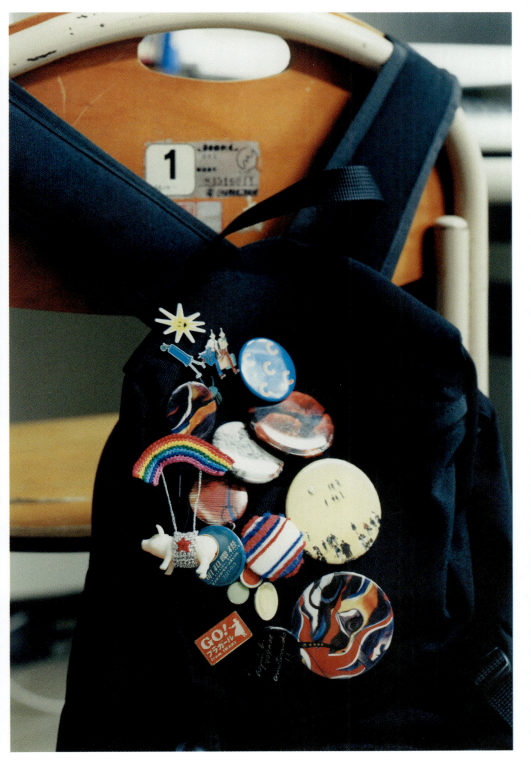

お礼の餃子

餃子パーティーに およばれ された。

おいしくて 何個も 何個も ぱくぱく 食べた。

洗い物だけでも お手伝い しようと 思ったら 丁重に 断られてしまった。

水回りの仕事に 不慣れな わたしが 手を出して 大事な器を 割ってしまったら… と

自分でも一瞬 頭をよぎった。 ので、再び着席。

洗い物じゃない方法で 感謝の気持ちを 伝えようと 思い

シーチングの皮に、手紙を書いた ピンクの "挽き肉うす紙" と

家主 昌太郎さん の 好きな ニラ色アーミー人形 に

メッセージを しょわせて 詰め込む。

餃子がえし。

つくり方→薄手の布を径11cmの円にカット、
人形と薄紙を入れ、餃子の形にのりでとじる。

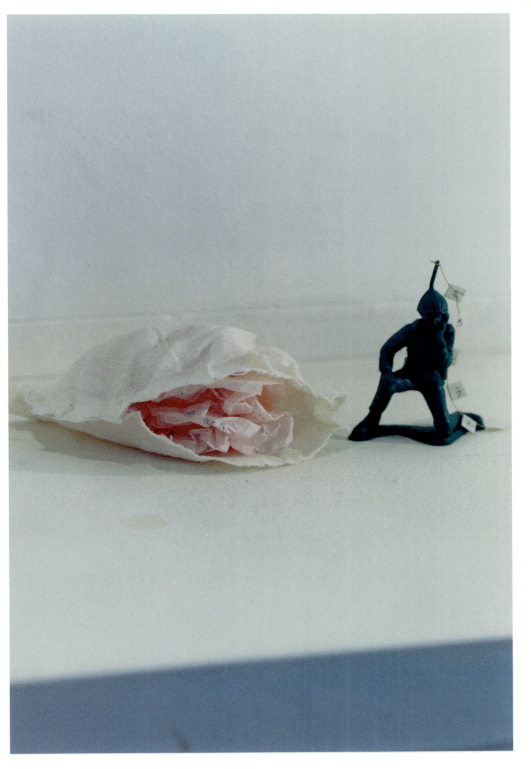

ルームシューズ

旅は ほんとは あまり 好きじゃない。だけど ふたりに「ついてくるだけで いいからー」と

言われると そう？ と 怖いもの見たさで 行ってしまい、また 想像をこえた トラブルが

起きるのだ。 それが ズッコケ３人旅。

海外に行けば スーツケースを抱えて 猛ダッシュは あたりまえ。

"北斗星"に 乗ることが メインの 富良野の旅 では 寝台車を満喫することなく

普通に 眠ってしまい 旅の頭に あっけなく クライマックスをむかえてしまった。

絶景の 日の出スポットに レンタカーを 走らせれば 山道に 迷い込み、

カーナビの画面は 真っ白、気がつくと 空は だいぶ明るくなっていた。

北海道らしいもの を 食べた 記憶が なく、のちに 行った 水戸の駅ビルで なんとなく入った

お店が 北海道料理の店で、わたしたち なにか まちがってるよね… と 気がつく。

そんなだから 旅から帰ってくると 必ず まわりの人に「なんで そんなとこ 行ったの？」

「なんで そこに 行って あれを 見ないの？」と 計画性のなさを 呆れられ、

しまいには「その旅って 楽しいの？」と 言われてしまう。

…たぶん たのしい。 旅先で履く お揃いの ルームシューズをそれぞれの 好きな色で 編む。

トクちゃんは まぶしい ピンク。 高柳は あおみどり。わたしは こげ茶。

編みながら 思うことは "これ、せっかく 編んでも、

絶対 だれかすぐ かたっぽ なくしたり するんだろうな…" という結末。

つくり方

ルームシューズ／サイズ24cm

― 用意するもの ―

中細毛糸（ピンク、グリーン、ブラウンなど）60g

かぎ針2/0号　とじ針 No.20

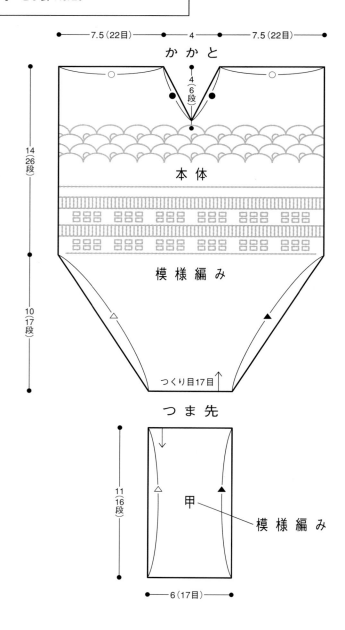

① 編む

模様編みはP105の編み方を参照して編んでください(糸1本どり)。

つま先からかかとに向かって編む。

つくり目の目をすくって、増減なしで甲を編み足す。

② 組み立てる

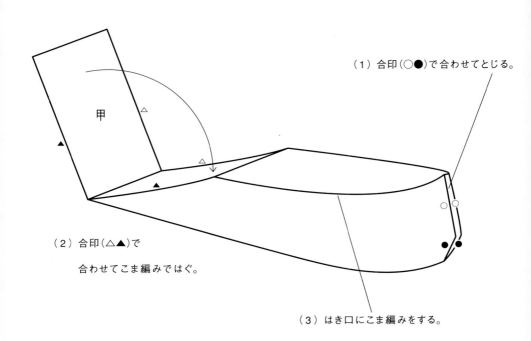

(1) 合印(○●)で合わせてとじる。

(2) 合印(△▲)で合わせてこま編みではぐ。

(3) はき口にこま編みをする。

うさぎのしおり

青さんは あっという間に ベルリンに お嫁に 行ってしまった。

青さんと 銀座のギャラリーで ばったり 会い

「これから ともだちの 個展に 行くの」と 言うので 一緒に くっついて 行くことにした。

ドローイングや 映像、ネオン管 から せんぷうき まである 作品をみて

うわーって なったり くすくすっと なったりしながら となりを 見ると

その 独特な 雰囲気の 会場に 青さんは とても しっくり なじんでいた。

それから わずか 1カ月たったか たたないかした頃

青さんは ベルリン在住の その方と 結婚を 決めていた。

あとから「あの時 ほんとは もう 付き合ってました?」と 聞くと

「ううん、付き合ってない」と 照れたように 笑っていた。

青さんは うさぎが 大好きで たくさんの うさぎもの に 囲まれているけれど

うさぎ にも タイプのもの とそうでないもの があるから、プレゼントする時は

まず そこを 注意しなければ ならない。

今回は ドイツ語 勉強中の 青さんに うさぎのしおり。

読みかけの 本に はさんでもらって、のしうさぎ。

青さんのことだから 手首に 巻いたりするかもしれない、リボンは 少し長めに。

青さん 好みの うさぎに なっているでしょうか?

つくり方

うさぎのしおり／長さ31.5cm

```
┌─ 用意するもの ──────────────┐
│  しろも 少々                      │
│  25番刺繡糸（パープル）少々        │
│  レース針6号  フランス刺繡針 No.10 │
│  レースリボン（1.5cm幅）長さ27cm   │
│  綿 少々                          │
└────────────────────┘
```

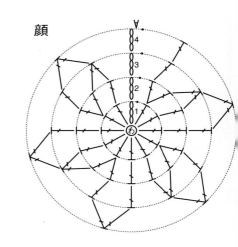

顔

① 足を編む

リボンの端はほつれ止め液をつけて軽くまつっておき、そこをすくって編みつける（しろも2本どり）。

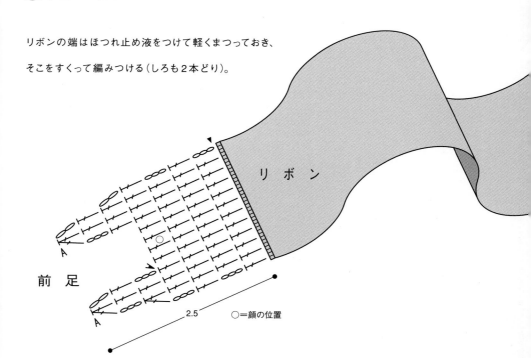

② 顔をつける

顔を編み(しろも2本どり)、綿をしっかりと詰めて
編み終わりの糸をひきしめて球にまとめる。
1段目と2段目のあいだをぐし縫いして口をとがらせる。
目鼻と口をステッチ(刺繍糸1本どり)、
耳(しろも2本どり)を編みつける。

耳

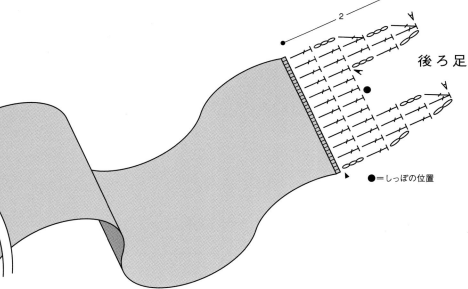
後ろ足

●=しっぽの位置

③ しっぽをつける

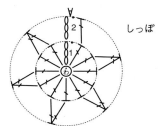
しっぽ

編み終わりの糸をひきしめて球にまとめる(しろも1本どり)。

カメラケース

自分のことなのに 気がつかなかったこと。

自分のきもちなのに 言葉に 置きかえられない 感情。

それを うそみたいに 高山さんは 感じとり 言葉にして 聞かせてくれる。

そして いつも あったかい手で 背中を ふわっと 押してくれるのです。

高山さん の カメラの ケース。

布は 洗いすぎて 縮こまった ハンバーグ みたいな色の カットソーを 解体して使う。

それじゃあ、きもち クッションがわりに なればいいな と ほどこす立体編みは

ニンジン と グリンピース のミックスベジタブル色。

マチ部分 の ネット編みは インゲン色 にした。

高山さんの 料理本をみて つくった ハンバーグは

自分で つくったとは 思えないくらい、とても おいしかった。

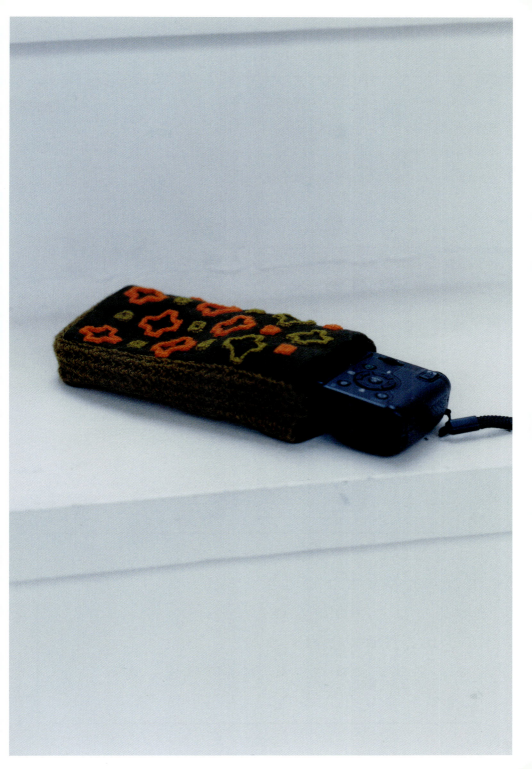

つくり方

カメラケース／タテ 15cm × ヨコ 7cm × マチ 3cm

- 用意するもの

    ウールジャージーの布（こげ茶）　17cm×36cm

    極細毛糸（オレンジ、グリーン）　各少々

    中細毛糸（モスグリーン）　少々

    かぎ針3/0号　レース針4号　フランス刺繍針 No.7

    かぎホック（大）1個

    スナップ（径0.7cm）1組

① 立体編みをする

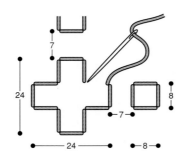

図案を描いて直線にステッチ、
1辺にこま編みを3目ずつ編みつける
（糸1本どり）。

―― グリーン　―― オレンジ　縫い代 1cm

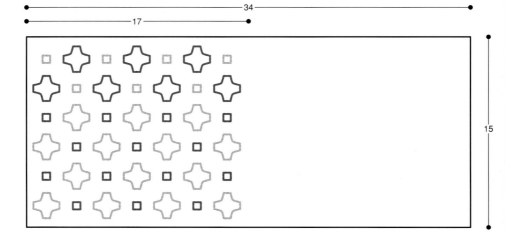

②組み立てる

①の布を2つに折り、15cm×17cmに縫い合わせておく。

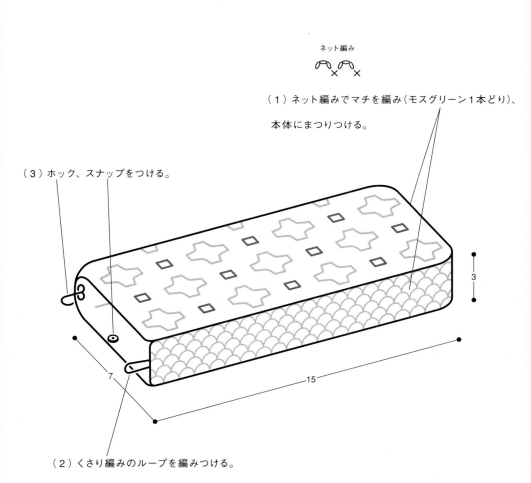

ネット編み

（1）ネット編みでマチを編み（モスグリーン1本どり）、本体にまつりつける。

（3）ホック、スナップをつける。

（2）くさり編みのループを編みつける。

骨壺カバー

「ぷぅちゃん… お腹 うごいてる!?」

「…うん、うごいてる、うごいてる」 「…うん、生きてる、生きてる」

この やりとりなら 何百回としてきた。

14才11カ月の ぷぅは ずいぶん前 から 寝たきり だった。

寝息が きこえない時は、かすかな お腹のうごきを 確認するまで ドキッとした。

そして ついに「…うごいてない」と 答える時 がきてしまった。

その 最後のやりとりの ほんの数分前、島根に住んでいる姉から 電話が かかってきた。

1才の めいっこがボタンを 押してしまった らしく、なぜか初めての テレビ電話 だった。

リビング中に 姉達の声が ひびき、母が ぷぅを 見ると、聞いているようだった という。

両親が 休みの火曜日、みんなが リビングに そろっている時間を えらんで、

ぷぅは 逝ったのだろう。

生後 2カ月まで 一緒に 暮らした おいっこ

会うことは できなかった めいっこの 元気な声を 聞いて。

ぷぅは モケモケしたもの に 顔をうずめるのが 大好きだった。

ポンポンを くちゃくちゃ 噛みながら 眠るのも 大好きだった。

よかったね、ぷぅちゃん。

うずめ ほうだい、くちゃくちゃしほうだい だよ。

つくり方

骨壺カバー／タテ11cm × ヨコ14.5cm

― 用意するもの ―

超極細モヘア糸（白、水色、黄みどり、サーモンピンク、ブルー、イエロー、ブラウン、ピンク）各15g

かぎ針2/0号

① 編む

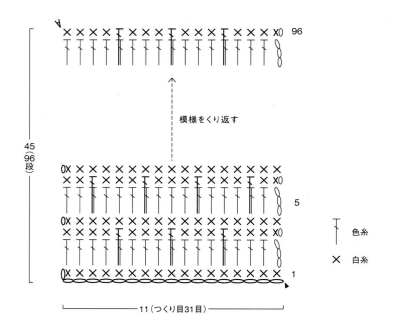

（1）側面は図のように、長編み1段、こま編み2段をくり返す。

こま編みの途中、3目に1回、2段下の目をひろって長編みを編む（1本どり）。

→ 壺の形に合わせて糸のひき加減を調整する。

（2）ふたと底はP101の編み方を参照して編んでください（白1本どり）。

→ ふたは径14.5cm、底は径12cmの円に編む。

②組み立てる

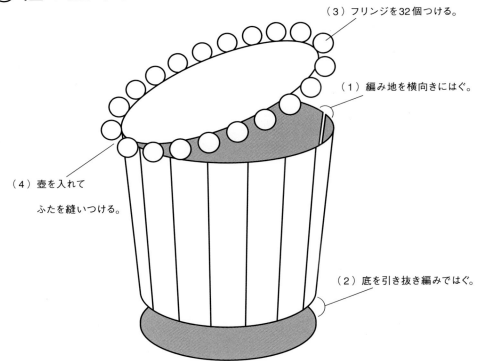

（1）編み地を横向きにはぐ。
（2）底を引き抜き編みではぐ。
（3）フリンジを32個つける。
（4）壺を入れてふたを縫いつける。

（フリンジのつくり方）

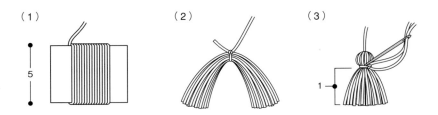

（1）板紙を用意。糸を50〜60回巻きつける。
（2）中心を糸で結び、片方の輪を切る。
（3）頭を糸でくくり、フリンジの長さを切りそろえる。

刺繍ハガキ

つくり方→ハガキに文字を描き穴をあけ、穴に針を通しながらステッチ。

発明家のスイセイさんの個展で初めてご本人に会った。
ご近所さんだとわかり、これからどうぞよろしく、とハガキにスイセイさんのロゴを刺繍。

裏をみるととってもいい感じ。だからどっちも表。スイセイさんみたい。

父の店の前掛け

友人、知人への プレゼントは わりと ぱっと 思いつくけれど

身内への プレゼントは 近すぎて 見えないのか、いつでも つくれると 思うからなのか

ほとんど つくったことがない。

特に 父には ほんとうに ない。

唯一 つくったもの といったら、父が 日本酒と料理の店を 開く時

前掛けの ポッケに お店のイラストを 刺繍したこと くらい。

ネットにも 入れず、洗濯機で ガンガン 洗うので、

刺繍は すりへり 前掛け本体 とともに くたくたになって いいかんじ。

しかし、使い込まれて 穴のあいたエプロンは さすがに みすぼらしく、父の店から ついに 引退。

その後 何度か 新調された、なんの 飾り気もない、つるんとした 前掛けを 干しながら

"ひさしぶりに 刺繍でも してあげようか・・・"と 思いつつ

早くも 3年が 経ってしまった。

つくり方→ 前掛けに図案を描き、輪郭をステッチ。

> 花嫁さん の ブルーのバンド

キューピッド の 素質 が わたしに あることを、知ってか 知らずか

「誰か ええこ 紹介して―」と タイチ は たのんできた。 多少の 見返りを 期待しつつ

"タイチには…この子！"と 白羽の矢 を たてたのが、ニット科 の 同級生 サヤカ だった。

サヤカ は 夏休み明け クラスメートに 人見知り するような 子 だったので

誘っても こないだろう と 思いながらも いちおう 声を かけると おどろくことに なぜか 来た。

想像以上の サヤカの かわいさに、タイチ は 緊張しつつも 終始ニタニタしていた。

あれが 俗にいう "ひとめぼれ" というやつだったのだろう。

ふたりは 1年半後 結婚することに なった。 花嫁さん は ブルーの小物を 身につけると

幸せ に なれる、と きいたので 隠れる所 に つけてもらえるような ブルーのバンドを 編む。

グリーンに 近い ブルーと 金のビーズ の 組み合わせ は エスニックな 顔立ちの サヤカに

よく似合っていた。 披露宴の時、上機嫌の サヤカの 叔母様が 近づいてきた。

てっきり キューピッド を 感謝されると 思い にこにこしていたら

「あんたぁ、ふたりが うまくいけへんかったら、あんたのせい やから 責任とってもらうでぇ」

と グゥを みせられた… それは 困る。

サヤカ、タイチ、末永く お幸せに お願いします。

つくり方 P101、P104→

| 妊婦さんのお腹あっため |

お腹に 赤ちゃん が いるって いったい どんな感じなんだろうと

がんばって 想像してみても カンガルー のようなことに なってしまって うまくいかない。

まちこさんは 1月末に 出産予定 だったから、

大きな お腹を ひやしちゃ いけない と思い

お腹あっため を プレゼント することにした。

かるくて 薄くて あったかい、モヘア の ながーいマフラーを 編んで

お腹に ぐるぐる 巻いてもらう。

サイズ が 想像できないから 留め具に ボタン や スナップ は ダメ。

ちょうどいいところを かんざしで 留めてもらうことに。

まちこさんの とこへ 遊びに行き 好きな色の 毛糸をえらんでもらって

荷造り用の 麻ヒモに その場で ぐるぐる 巻いてゆく。

それを かんざし に くっつけて できあがり。

赤ちゃんが 産まれてから 4カ月が 経ち

ようやく まちこさんと 赤ちゃんに 会うことができた。

まちこさんは すっかり お母さんの顔 になっていた。

次の冬からは 首に 巻いて 使ってくださいね。

麻ひも 25cmの両端をかた結びする。
好みの色の糸を巻き、かんざしにつけてピン止めにする。

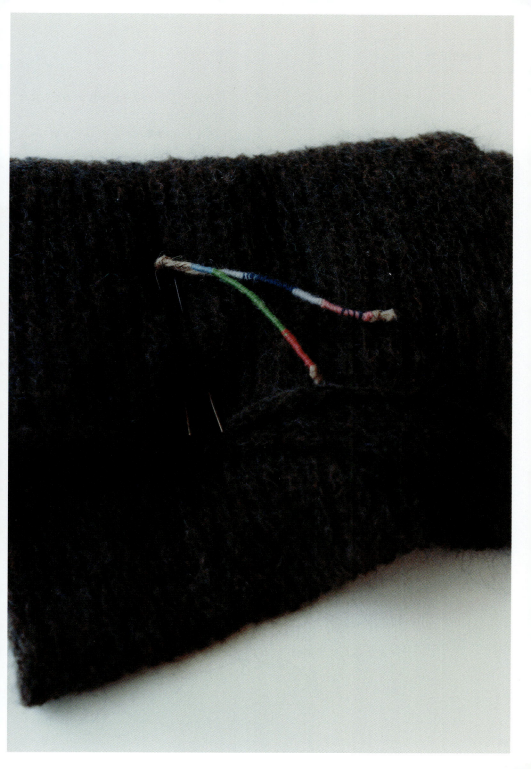

お誕生日カード

ひとりっこ に みられがちな わたしには

5才上に あっちゃん というお姉ちゃん

4才上に けんくん というお兄ちゃんが いる。

あっちゃんと けんくんは 女、男 のとしご なのが いけなかったのか

思春期を むかえると 犬猿の仲 になり、それは それは こわかった。

そんな ふたりが 嫌で、なぜか わたしも どちらとも しゃべらなくなっていた。

時は流れ、それぞれ 結婚をし、あっちゃん夫婦 には 男の子 と 女の子

けんくん夫婦 には 男の子 が 産まれた。

こども を 抱きながら ふたりが 仲良く 話している姿 を 見て

"こんな日が 来るとは…" と

おばさん に なった わたしは 目頭を あつくし

せっせと おいっこの 誕生日カード をつくるのです。

つくり方

お誕生日カード／タテ 10cm × ヨコ 13cm

```
┌─ 用意するもの ────────────────────────────────
│
│  薄手のフェルト（白）　カード → 8.2cm × 5cm　カバー → 8.5cm × 5.5cm
│
│  中細毛糸（オレンジ・イエロー・赤・黒）　各少々
│
│  ミシン糸 40 番（金色）少々
│
│  かぎ針 2/0 号　フランス刺繍針 No.10
│
│  黒のボタン（径 1cm）1 個
│
│  動く目（赤）2 個
│
└────────────────────────────────────────
```

① カードをつくる

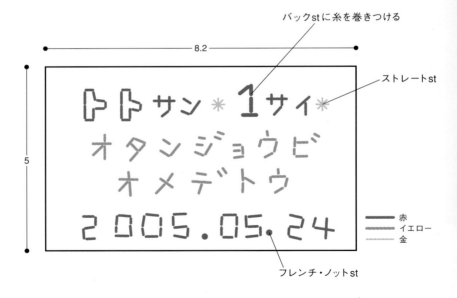

（1）　チャコペンでメッセージを描き、バックst（糸1本どり）。

（2）　左のふちに 0.7cm 間隔に穴をあける。

② カバーをつくる

(1) 中央から外側に向ってランニングst（オレンジ1本どり）。

(2) まわりに0.7cm間隔に穴をあける。

(3) カードを下に重ね、穴にかぎ針の先を通しながらネット編み

　　（1段・5段＝オレンジ、2段・4段＝イエロー、3段＝赤　糸1本どり）。

(4) 目と鼻（ボタン）をつけ、口をバックst（黒1本どり）。

パスポートケース

2003年1月1日、トルコ カッパドキアで、わたしは 救急車で 病院へと 運ばれた。

旅好きの ごとうさんと、なんとなく"トルコ"と 思いつき、お正月休み を 利用しての 2人旅。

おおみそか の 夕食 を ホテル の レストラン で とった 後、お風呂 に 入っていたら 突然 腹痛 と

吐き気 に おそわれた。 吐いて 吐いて、下して 下した。裸のまま 白いタイル貼りの 床 に

倒れこみ、わたしは この 異国の地 で 死んでゆくんだ… と 本気で 思った。

数時間後、体の中は からっぽ になり、よたよた と バスルーム を 出ると、

ごとうさんは 「あ… あけまして おめでとう。花火 きれいだったよ…」 と 哀れみの まなざしで

新年の あいさつ を してくれた。 そして 1月1日の朝、機転のきく ごとうさんは

"こんな時こそ 保険じゃない!?" と 保険会社 に 電話をかけ 事情 を 話してくれた。

すると 大げさなことに 救急車 が きてしまい、車椅子 に のせられたり 担架 に のせられたりして

病院に 運ばれた。「こんな体験 なかなか できないよ」

と 笑ってくれた ごとうさんだった けど、それ以降、

旅のお誘いはない。 しっかり者の ごとうさん。

だけど わたしとの旅以外では 気がゆるむのか、

夢中に なりすぎるのか、何度か パスポートを

盗まれている。この パスポートケース を 服の下に

しのばせて しっかり 守ってください。

つくり方

パスポートケース／タテ11cm×ヨコ22cm

- 用意するもの

  麻布　22cm×45cm

  8番刺繍糸（ボルドー、サーモンピンク、グリーン、からし）各1〜2玉

  ミシン糸40番（金）

  レース針6号

  ゴムベルト（3.5cm幅）　長さ90cm

  スナップ（径0.7cm）　3組

①布をカットする

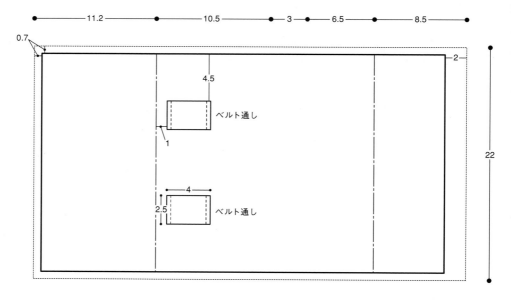

(1) 布端はジグザグミシンで始末。

(2) ベルト通しを縫い代1cmをつけて縫いつける。

② 組み立てる

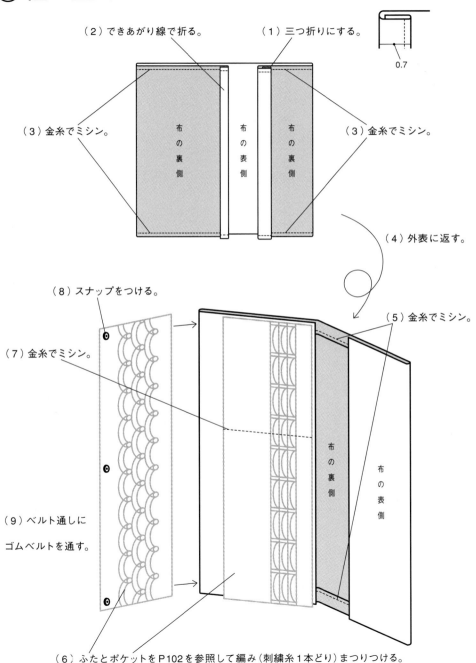

ハッピー バウスデイ スリッパ

中学・高校の同級生で、

卒業してから 自然と 4人で 集まるようになった チーム "カルテット"。

メンバーの 1人 バウの 誕生日プレゼントに、3人で ニットスリッパ を 購入。

刺繍の 言葉を なにに しようかと 話し合う。

バウ という ニックネーム にかけて "ハッピーバウスデイ" にしよう。

出来上がりを 見せると、ほかの ふたりも「欲しい!」と 言うので

次の それぞれの 誕生日には おそろいで つくることを 約束。

しかしながら "テルコ" "マナ" "カオル" では

なかなか いい言葉が みつからない。

つくり方

ハッピー バウスデイ スリッパ／サイズ28cm

用意するもの

スリッパ（中細毛糸のメリヤス編みのもの） 1足

中細毛糸（エンジ、ブルー、からし） 各少々

とじ針15号

編み目ひと目分

編み目半目分

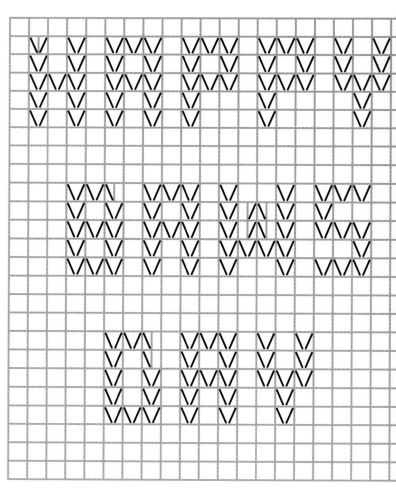

① 刺繍する

編み目の半目に糸をすくいながら
ステッチ（糸1本どり）。

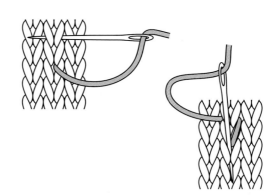

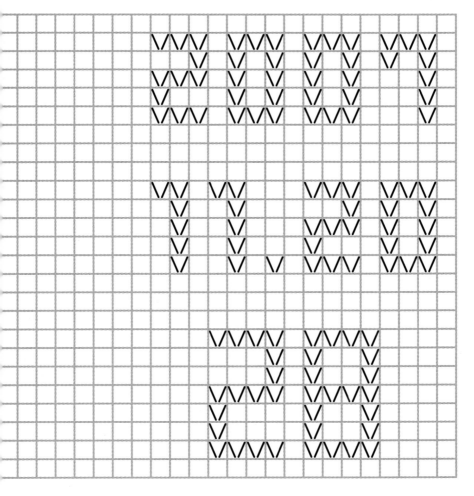

ペン立て

28才の誕生日に、うまれて初めて男の人から手編みのプレゼントをもらった。

ガラスのコップが一見何編みだかわからないくらい大きな細編みのカバーをはいている。

口には糸が渡っていて飲みものは飲めなさそう。

これは なに？ときくとタイチはうれしそうに"ペン立て"と答えた。

28才女子に手編みのペン立てをプレゼントする30才男子。

あまりにとっぴなシチュエーションに一瞬かたまるも、彼女に教わりながら一生懸命

編んでいる姿を想像したら、すごくうれしくてあったかくなった。

しばらくすると、手編みのプレゼントであんなにも感動させられたことがむしょうに

くやしくなってきて「プロの力をみせてやる!」と、

タイチの誕生日プレゼントに同じくペン立てを編むことにした。

オフィスの雑然とした机の上で、いかにうくかがポイントになってくるので

まったく似つかわしくない、かわいい配色・柄を考える。

はずかしい感じで名前や年齢も刺繍しよう。

色々手を込めたら思った以上にかわいくできてあげるのがもったいないくらいよくできた。

勝ったな。…と思いつつ、どんなにきれいに編んでも、どんな技をもってしても、

あのへたっぴなペン立てにはかなわないことを知っている、

くやしいけど。

つくり方

ペン立て／径8cm×高さ12.5cm

用意するもの

コップ(中サイズ) 1個

中細毛糸(ブラウン、ピンク、イエロー、ブルー、ベージュ、ゴールド) 各10g

かぎ針3/0号　とじ針15号

---

① 編む

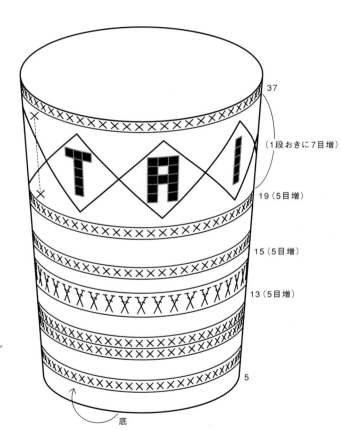

底はP101の円の編み方を参照して編んでください。

→ 糸でわをつくり、1段目は16目、2、3段目は16目ずつ目を増やし、4段目は増減なし(ピンク1本どり)。

→ 底に続けてコップの形に合わせて目を増やしながら編む。

② 刺繡する

1マス2.5mm

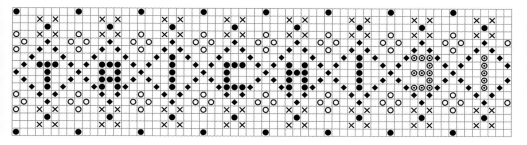

クロスst（1本どり）。

◆ ブラウン
☒ イエロー
● ブルー
○ ピンク
◉ ゴールド

③ ひもを編みつける

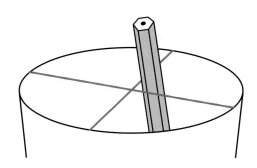

コップを入れ、くさり編みのひもを、バッテンにつける（ピンク1本どり）。

| クマＴシャツ |

渋谷の ロイヤルホスト。 世間話を 小一時間して

「まあ、これ以上 ひっぱっても あれなんで… あー 緊張してきた」

そう言って 中村さんは ゆっくりと 名刺案を テーブルの 上に 並べた。

中村さんの デザインが すきで、すっごいなー かっこいいなー と いつも 思っていた。

その すごい人は まったく 偉ぶることなく、ひょんなこと で 知り合った 27才の小娘 のために

こんなに たくさんの 名刺案を 出してくれ、そして こんなにも 緊張している。

「デザインを 見せる時は いつだって 緊張するものです」と。

"世の中には こんな人も いるのか…" と しみじみ 思った。

名刺のお礼に 中村さんデザイン の マスでできた クマを、おいっこさん用の Ｔシャツ に

刺繍して プレゼントすることに。 刺し始めて30分 "…あれ？全然 すすまない"

2時間後には "なんで これに したんだろう…"と 後悔。

あとは もう なにかの修行の ように ひたすら根気強く。

途中 しばらく 手の届かない所に 置いてみたり また やり始めてみたり…

ようやく 出来上がったのは 半年後。 おいっこさん は もう 着られなくなっていた。

ごめんなさい と 謝る わたし に 中村さんは「うわー ありがとう。飾っておく、飾っておくー」と

うれしそうに 言ってくれた。

世の中には こんな人も いるのだ。

つくり方

クマTシャツ／4歳児用（102cm）

```
┌─ 用意するもの ──────────────┐
│                                          │
│  子供用Tシャツ 1枚                       │
│                                          │
│  25番刺繍糸（ブルー、ブラック） 各少々  │
│                                          │
│  フランス刺繍針 No.9                     │
│                                          │
│  ピーシングペーパー 1枚                  │
│                                          │
└──────────────────────────┘
```

①図案を写す

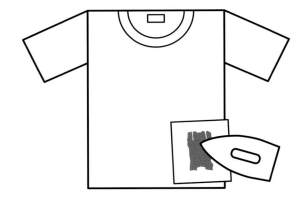

ピーシングペーパーに図案を写し、Tシャツに上からアイロンでおさえて貼る。

マスのst

② 刺繍する

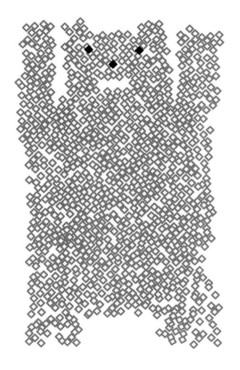

◇ マスの st（ブルー１本どり）

◆ サテン st（ブラック２本どり）

刺し終わりにピーシングペーパーをやぶって取り除く。

タナカケイコ人形

タナカケイコ は 天才 だと思う。

半年違いで 入社してきた 彼女とは "タナカケイコ" "ヨコオカオル" と

フルネームで 呼びあい お互いを "天才" とほめたたえ、

気持ち を もりあげて いろんなこと を のりきってきた。

その時は 冗談みたいに 言っていたけれど、実は ほんとうに 彼女は 天才だ。

タナカケイコは 北欧の古い人形をもって「これ編んで」とずいぶん前に 言ってきた。

「うん」と言ったものの、なんとなく 後回しにしている間にタナカケイコは

どこかへ行っては おいしいもの、かわいいもの をわたしに 貢ぎながら、人形をまっていた。

なにを きっかけ に だったか やっと 人形スイッチ が 入り、編むことに。

フリーマーケット などで よくみかける その 古い人形は、

たいてい 棒針で 編まれているけれど

せっかくだから 洋服の柄を 考えて 得意の かぎ針で 編むことに。

ようやく 編めた 天才テキスタイル デザイナー タナカケイコ カラー の 服を着た人形。

つくり方

タナカケイコ人形／タテ 22.5cm × ヨコ 6.5cm

用意するもの

中細毛糸（グリーン、イエロー、ピンク、パープル、ベージュ、ブラウン）各10g

ミシン糸40番（シルバー）少々

かぎ針2/0号、3/0号　フランス刺繍針 No.3

綿　少々

① 編む

3/0号針で増減なしに輪に編む。

33段以降は2/0号針に変えてきつめに編む（1本どり）。

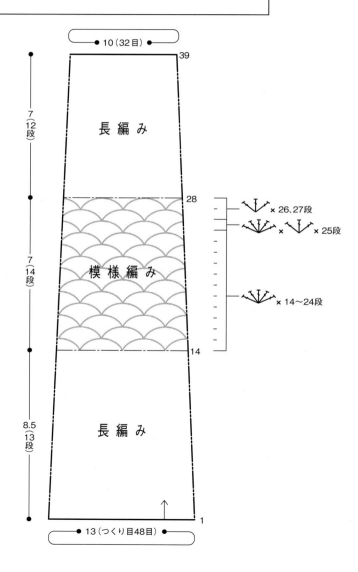

②顔、腕、足をつくる

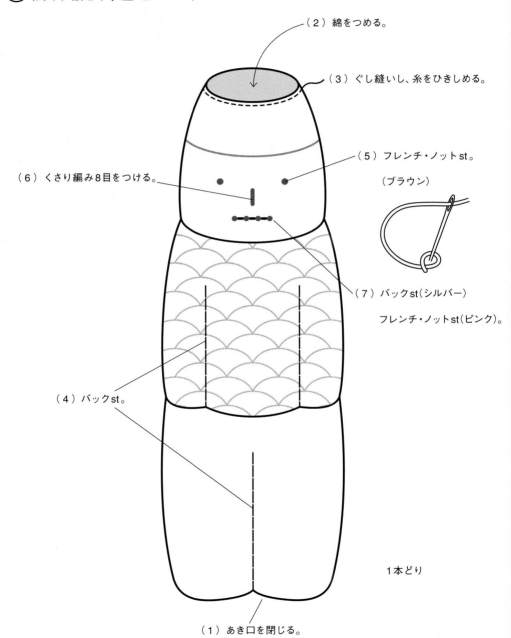

（2）綿をつめる。
（3）ぐし縫いし、糸をひきしめる。
（5）フレンチ・ノットst。
（ブラウン）
（6）くさり編み8目をつける。
（7）バックst（シルバー）
フレンチ・ノットst（ピンク）。
（4）バックst。
1本どり
（1）あき口を閉じる。

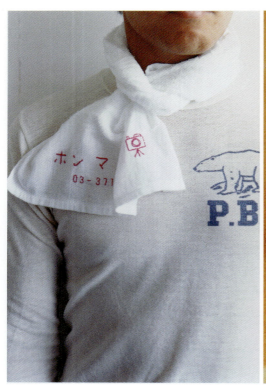 

ホンマカメラタオル

スポーツをしている男の人は

社名の入ったようなうすーいタオルを頭や首に巻いているイメージがある。

運動好きのホンマさんには

写真屋さんのお中元タオル風"ホンマカメラ📷"刺繍タオル。

つくり方→タオルに図案を描き、輪郭をステッチ。

名刺入れ

初めて 会社で 名刺を つくって もらったのは、入社して 1年以上たってからだったと思う。

「名刺つくろうか?」と 言われた時は、やっと 一人前として 認めてもらえた 気がして

それは それは うれしかった。

文字の色を それぞれ 選べたので 大好きな 茶色 にしてもらった。

もちろん 名刺ケース なんて 持っていなかったから

すこし 小ぶりの 名刺に合うケースを自分で つくることにした。

自分のために なにかを つくることは あまり しないけれど、この時は 名刺を もらった うれしさで

かわいくなーれ、かわいくなーれ と たくさん 手をかけて つくった。

しかし、わたしは アトリエの中で ひとりこつこつ刺繍や編み物をする仕事。

アトリエのスタッフとの やりとりが ほとんどで

社外の人 と やりとりをすることは めったに なかった。

名刺は ほんの 数枚しか へらなかった。

つくり方

名刺入れ／タテ5.5cm×ヨコ10cm×マチ1cm

- 用意するもの

    こげ茶のツイード（表布）　18cm×12cm

    こげ茶のコットンスレーキー（裏布）　18cm×12cm

    25番刺繍糸（ピンク、こげ茶）　各少々

    レース針6号　かぎ針2/0号

    デリカビーズ（金）4個

① ステッチする

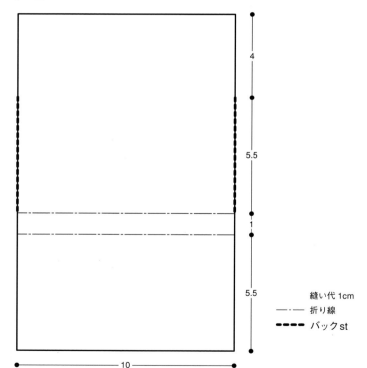

縫い代1cm
—·— 折り線
▬▬▬ バックst

（1）表布と裏布を中表に合わせて縫い、
　　表に返して返し口をまつる。
（2）表布と裏布の間にバックst（ピンク2本どり）。

バックst

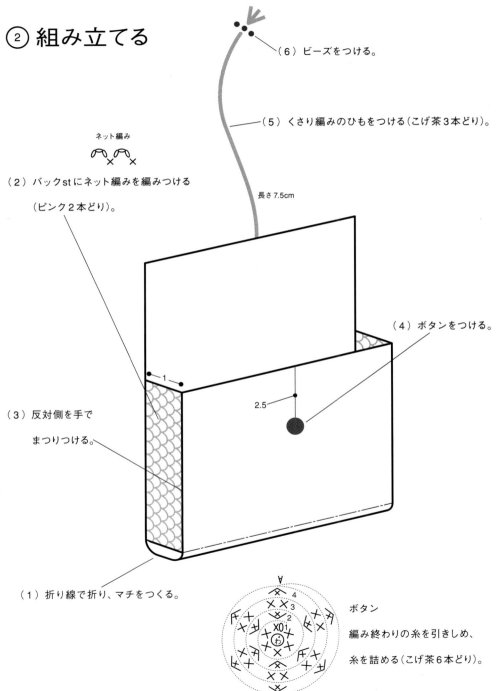

ご祝儀袋

「なにを こんなところで くすぶっているの!?」

そういって わたしを 見つけてくれた人、それが みどりさん だった。

会社を 辞めて しばらく ぼーっと していた わたしは

「手作業が できるなら ちょっと 手伝って」と みどりさん に 誘われ

ひょいひょい ついていったら、つくったもの が 立派に 本の作品に なってしまった。

スタイリストさんって こんなことも するんだ!と いうくらい 本づくりの 始めから

みんなを まとめ、アドバイスや 意見を たくさんくれる みどりさん。

一緒にいると 本づくりが 大好きなのだ ということが すごくよく 伝わってくる。

以前 わたしが まちがったこと をした時、お叱りを うけたことが ある。

当たり前のこと を 当たり前に 注意してくれる みどりさんが 近くにいて

わたしは ほんとに 幸せだなと 心から思った。 昌太郎さんは わざと 憎まれ口を たたいては、

くやしそうな こちらの様子を うれしそうに みている。そこに すかさず「昌ちゃん!!」と

みどりさんの 一喝。この 一連の流れ が 実は けっこう 好きだ。

そんな ふたりに、中身は母、外身は娘 からの 結婚お祝い。

のしの ところには、ふたりの 小さな人形。 ふたりを 並べて、

後ろに 安全ピンを 留める。 表にかえすと、みどりさんの 肩が 前に。

いやいや、ここは しょうがない、昌太郎さんの 肩を 前に だしてあげよう。

つくり方

ご祝儀袋／タテ 10.5cm × ヨコ 21cm

用意するもの

レース糸 40 番（白）40g

レース針 2 号　とじ針シャープポイント No.20

スナップ（径 0.7cm）5 組

安全ピン（小）1 個

---

① 編む

模様編みは P103 の編み方を参照して編んでください（糸 2 本どり）。

つくり目をし、増減なしに編む。両端の段から 76 目ひろってこま編みを編み足す。

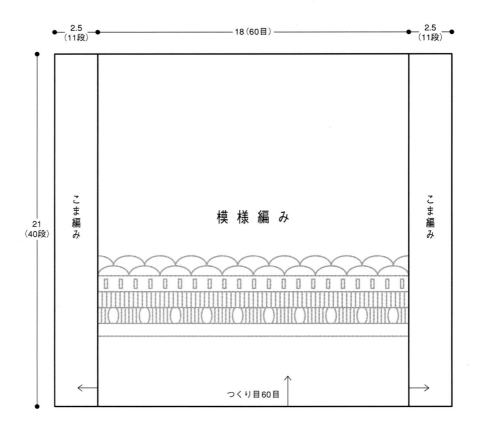

② 人形をつくる

P58〜59を参照して

好みの色の極細毛糸で編んでください。

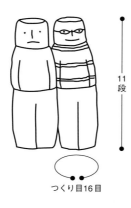

③ 組み立てる

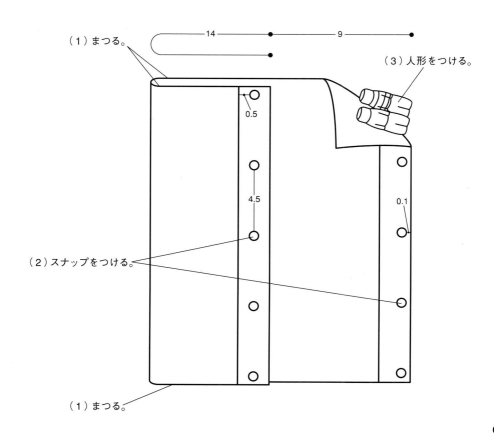

赤ちゃん帽

"赤ちゃん"が産まれた、という話を きくと、むしょうに プレゼントをつくりたくなる。

でも 赤ちゃんというのは あっという間 に 大きくなるらしく

仕事のもの や いろいろなもの と 並行して つくっていると

できあがる頃には もう 小さくて 使えなくなっている。

いや、できあがった時点では たぶん ぎりぎり大丈夫。

なぜだか それを 渡すまでに 時間がかかってしまうのが わたしの 悪いクセ なのです。

これも また 渡しそびれた 赤ちゃん帽。

その人を 思って 編んだので、他の人に プレゼントするのは しのびなく

ただ ただ 2人目の おめでた を 待ちつづけている 帽子。

今回、撮影用に はじめて 赤ちゃんに かぶってもらう。

かわいい。

やっぱり 使ってもらってこそ だなと 再確認。

これからは "赤ちゃん が できた" という話を きいたら

すぐに つくりはじめる ことに しよう。

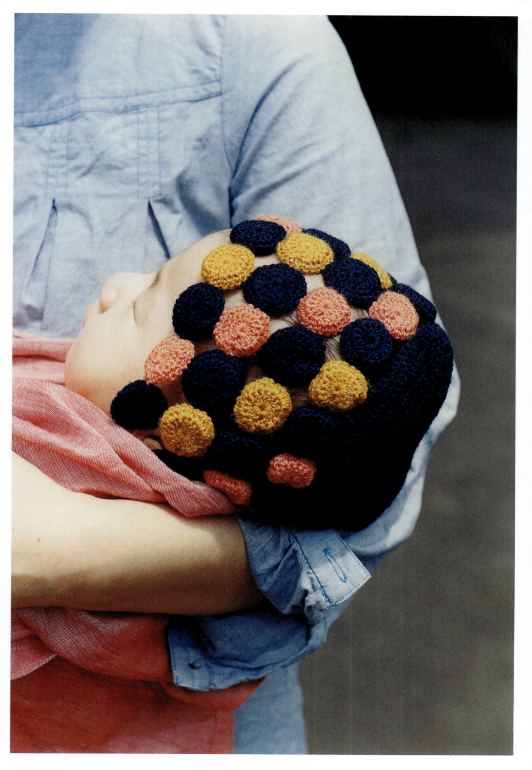

つくり方

赤ちゃん帽／頭まわり径 35cm

- 用意するもの
  中細毛糸（ネイビー、マスタード、サーモンピンク）各1玉
  かぎ針 3/0号

① 編む

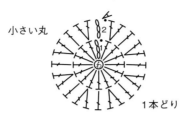

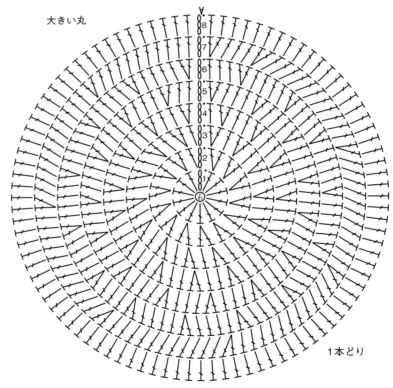

（1）小さい丸を48枚（ネイビー24枚、ピンク12枚、イエロー12枚）編む。

（2）大きい丸を1枚編む（ネイビー）。

② 組み立てる

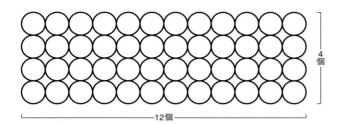

（1）小さい丸を長方形につなげる。

（2）大きい丸を1にまつりつける。

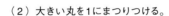

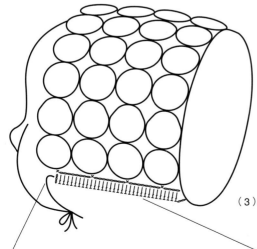

（3）縁編みをする（ネイビー）。
くさり編みをしながら、
こま編み1目で小さい丸の目をひろう。
2段目は長編み。

（4）くさり編みのひも（ネイビー）を、縁編みと大きい丸に通す。

| 歯列矯正入れ |

会社を辞めた時、実家暮しということもあって、少し貯金があった。

これからフリーでやっていくための材料費や生活費として大切なお金。

でもなにかひとつカタチに残したくて歯列矯正をすることにした。

ワイヤーが歯に固定されているものではなく、あごを広げてすきまをつくる

取り外しのきくタイプの矯正にした。

食事の時は外さなければならないので、ハンカチを口にあてながら外し

そのままハンカチに包んでポッケの中へ。

ある日ごはん屋さんでいつものようにポッケにしまおうとしたら

着ている服にポッケがない。

しかたなくポンと手元においておいたら、案の定そのまま忘れてきてしまった。

包んだといってもはさんでいるだけだから、ハンカチと思ってひろった店員さんは中から

入れ歯のようなものが落ちてきて、さぞかしびっくりしたことだろう。

次の日とりに行く時はほんとうに申し訳なく、そしてほんとうに恥ずかしかった。

最近ともだちののんちゃんが矯正を始めた。

あんな恥ずかしい思い、のんちゃんにはさせまいと、口元隠し付きの矯正入れ。

これさえ持っていれば大丈夫。

上部で口を隠しながら矯正をはずし、
袋にストンと落とす。

つくり方

歯列矯正入れ／タテ 7.3cm × ヨコ 8cm

- 用意するもの
  - ハンドタオル　22cm × 22cm
  - ミシン糸40番（白、シルバー）少々
  - 0.4cm角ビーズ（グリーン、ネイビー）15個
  - 0.4cm三角ビーズ（オレンジ）5個

① タオルをカットする

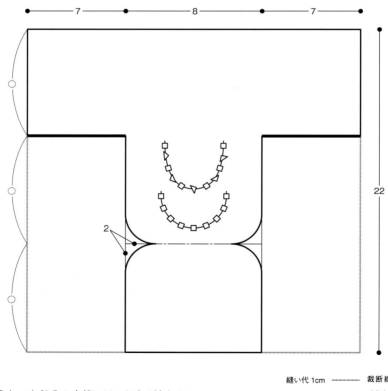

太線（━）部分の布端にほつれ止め液をぬり、
目の細かいブランケットstをする（白1本どり）。

②組み立てる

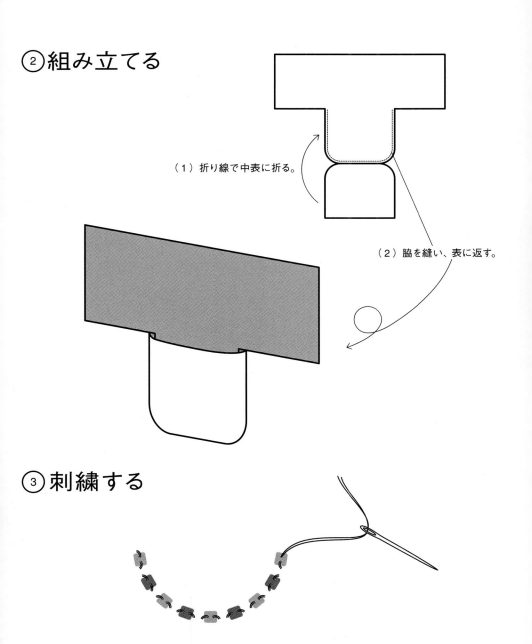

(1) 折り線で中表に折る。

(2) 脇を縫い、表に返す。

③刺繍する

図案を描き、ビーズを縫いつける（シルバー2本どり）。

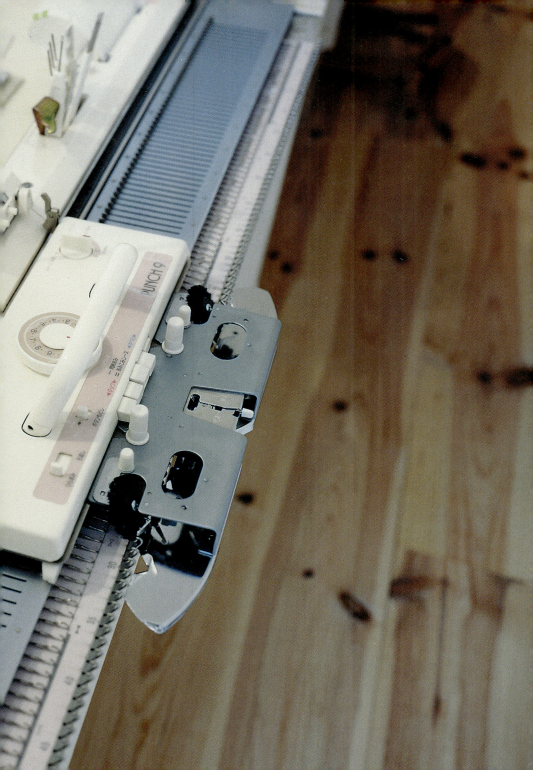

```
白いラインのスニーカー
```

『ほんとは 白いライン の はずだったのに…』

眉を八の字に ゆがめながら でも 口元は ゆるめて 彼は言う。この人の こういう顔 よくみる。

海外から取り寄せた という 青い箱から 取り出された スニーカーには

まぎれもなく エメラルドグリーン のラインが 入っていた。

『きっと バイトの奴か なんかが テキトウに 入れて 送ってきたんだ…』

ぶつぶつ文句 をいいながらも クレームを 出すことなく １年以上 放置しているという。

この人には 同じような 案件 が いくつも あることを 知っている。

『どうせもう 履くことはないから 煮るなり焼くなり どうにでもしてくれ』と言われ

エメラルドグリーンのラインを 丁寧に切り取り 空いてしまった 針穴を埋めるように

新たに 白いラインをステッチしてみる。

『おぉっ すごいっ！』

結果オーライの スニーカーと わたしの顔を にやにや交互にみる人を 眺めながら

これからも 主の足を守ることはなく 飾り棚かなにかに 置かれてしまう

不憫なスニーカー に思いを馳せる。

この人が そういう人であることを わたしだけではなく スニーカーも きっとわかっている。

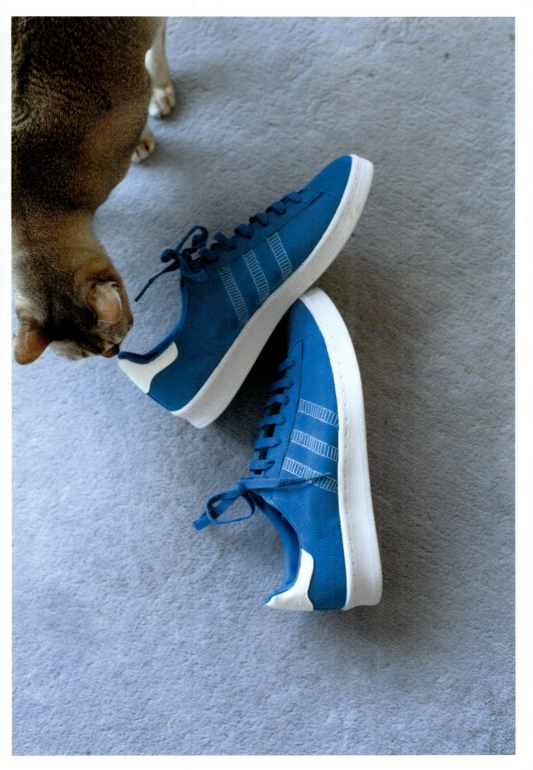

うちわ

姉には"絶対音感"というものが あるらしく

テレビから流れる CM 音楽を 聴いては

『あっちゃん これ弾いてー』と ねだる 幼い妹の要望 に 即座に応えてくれた。

そんな人が近くにいたものだから 当然 わたしにも簡単に弾けるだろうと

おさがりの 小さなヴァイオリンを抱え 意気揚々と 教室に入ったものの

才能がない ことに すぐに気がつき 1カ月とちょっとで やめた。

生の演奏 を目の当たり にするたびに

音で こんなにも たくさんの人達 の身も心も 揺さぶる

音楽家 という存在 には どうやったって敵わない と思うのです。

『会場内暑いのでうちわの持参をお勧めします』
そういわれて蓮沼執太さんの夏のライブに持参したのは
ライブタイトルを刺繍したプレゼント用のうちわ。

紙のバッジ 板のバッジ

広島出身の立花文穂先生はもちろんのこと

アシスタントの角田真紀もまた広島カープの大ファンである。

角田33歳の誕生日には33のキャップをかぶり

"Caku"のユニフォームを着たカープ坊やの紙のバッジを作った。

一方の師匠 立花先生47歳の誕生日には

カープネタは先に弟子に使ってしまったため

ベルリンの蚤の市で購入した古いカードゲームかなにかのプレートに

腱鞘炎になるほど懸命に錐で穴を開け230(フミオ)刺繍バッチを作った。

お揃いのカープ坊やバッジでも良かったかもしれないと

いまでは思っている。

マンドリルポーチ

中村さん は こどもが 大好きだ。

知人の赤ちゃん に ずんずん近寄り 頬ずりをした時には 心底驚いたし

この子は このまま 丸呑みされてしまうんじゃないかと 心配になった。

それくらい 全力で 愛でる。

そんな 中村さんが 絵本 をつくった。

それは それは 素晴らしく これぞ天職！ といった 絵本を

つぎつぎに 生み出してくれるので

これを 幼少期に 読めるなんて すごく幸せ なことなんだぞ！

と うらやましく思いながら 姪や甥に プレゼント する。

市場リサーチ と 称し 幼稚園に 読み聴かせ に 行くと

こども達に 囲まれ 天国にいるような

至福の表情 の 中村さんの画像が もれなく送られてくる。

"よかったねぇ ほんとうによかった"

ひとまわりも 年下のくせに

姉のような 気持ちで わたしは それを 見る。

中村さんの著書『どっとこどうぶつえん』の出版お祝い。
中に出てくるマンドリルをポーチにしてお菓子をつめて贈った。

つくり方

マンドリルポーチ／タテ12cm×ヨコ12cm

--- 用意するもの ---

中細毛糸（ブラウン、ベージュ、赤、ピンク、水色、黒、カーキ、グレー）各少々

かぎ針3号　とじ針No.20　スナップ（径0.7cm）1組

① 編む

表面、裏面を長編みで編む。

② 組み立てる

表と裏をはぎあわせ、内側のスソぎりぎりにスナップをつける。

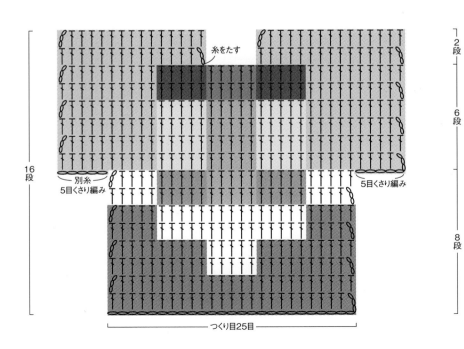

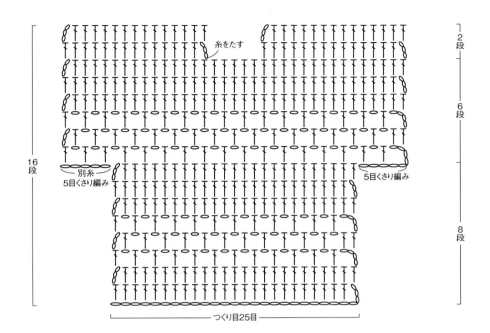

首巻き／タテ 10cm × ヨコ 75cm

用意するもの

編み地（黒色）13枚　編み地（紫色）1枚

くるみボタン（径1cm）1個

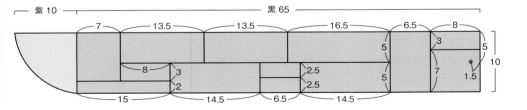

（1）編地を自由に組み、縫い合わせる。

（2）端1.5cmにくるみボタンをつけ、ボタンホールは作らず編み地の穴を利用する。

首巻き

年に2カ月 大学で 講師 をすることになった。 初めての 先生説明会。

人数の多さに驚きながら 長い長い教室の 後ろから3列目の席に 座り

聞き逃さぬよう 教授の出欠に 耳を傾ける。

"葛西絵里香さん" "はい"

小さく手をあげ 返事をした ひとつ前の席の女性 を まじまじと見つめる。

"えぇ!? この人が!?"

ロングヘアの 毛先15cm ほどが 鮮やかな紫色で すれ違う時にみた 顔や耳には

たくさんの穴 があいていた。 雑誌で見かけるたび 惚れ惚れさせられる 彼女の作品 から

勝手に作り上げた わたしの中 の 葛西絵里香像 と

目の前の 葛西絵里香さんは 真逆と言っても 過言ではなかった。

学校で 顔を合わせるようになってから 葛西さんは さらに わたしを惑わせた。

見た目の印象とは違い 笑う。 物腰 が 柔らかい。 気遣いに 長けている。

またしても 葛西絵里香像 は 180度 変わってしまって

けっきょくのところ 元に戻ったような まったく別世界に 連れて行かれたような

そんな 素敵な人 なんです 葛西さん。

アン・ルイスを熱唱したカラオケでマフラーをなくし

落ち込む葛西さんに先っぽが紫色のマフラーを。

猫のコード束ね

『かおるちゃんなら 友だちになれるかも』共通の友人から 紹介された とっこちゃん は

待ち合わせの喫茶店に現れるなり『わぁ やっと会えた！今日までに３回も 夢に出てきたよ』

と 映画のセリフ みたいなことを言うから 恥ずかしくなって 返事に困った。

休みの日は 何をしているのか たずねてみると 漫画 "逢沢りく" を模写している、

でもまだ４ページ。と言い それって大変じゃない？と 聞くと 真顔で『苦行』と言った。

（あれは なんページまで続けたのだろう？）

わたしの趣味は 数独 だよ。それを聞いた とっこちゃんも 数独本 を買っていたけれど

すぐに飽きてしまったようだった。（あれは 何問解いたのだろう？）

水泳いいよ と言うと 近所のジムに 通うことを決意したが 半年通うなら断然お得と

薦められたプランを 半年通うかわからないと断り ジムの人を慌てさせた とっこちゃん。

結局は説得され そのプランにのったものの 案の定 ７カ月で退会してしまった。

飽きっぽいのに 芯が強い 一筋縄ではいかない とっこちゃんの夢は 猫と暮らすこと。

この夢は 長いこと 変わっていないようなので 飽きることはなさそうだ。

いまはまだ 叶わないけれど それまで この子で ガマンしてもらいたい。

なにかと旅にでることの多い とっこちゃんへ
充電機等のコードを束ねてくれる猫をプレゼント

原木椎茸の精

数年前 お直しひとり合宿 と称して

三週間 高知のビジネスホテルで カンヅメ になった。

土曜 と 日曜 には ホテルの目の前で 高知名物の 朝市 が 開かれていて

その中に 大小様々な大きさの 原木椎茸を売っている店 が あった。

ホンマタカシ＝きのこと 脳が働いて いつもお世話になっているお礼 に

いちばん 小さいもの を 持ち帰る。

アシスタントの子が きちんと水を与え 世話をしてくれていたのだが

ただのひとつも 生えてくることはなかった。

かわりに あらかじめ くっつけておいた 椎茸の精が

枯れることも 食べられることもなく

今日もひっそり 窓辺で 生え続けている。

マグネット

人見知りで 自意識の高い 小心者。

ひじょうに 面倒くさいわたしに 寄り添い 発破を掛けたり 褒めたり してくれながら

様々な経験 を させてくれた 場所がある。

そこには 決まって 信頼できるデザイナーや 写真家 ライター

そして 編集者 の 姿があった。

出会ったばかりの 7 年前なら 絶対に逃げていたであろう企画 にも

最後には（ダダをこねながらも）やり遂げられるまでに 育ててもらった。

惜しくも その場所は 無くなってしまったけれど

そこで 養われた 自信 と 勇気 と 度胸 をもって

これから 待ち受ける 数々の挑戦 に わたしは 立ち向かっていける。

たくさんの ありがとうをマスコットのマグネットに 込めて。

7年後

初めての著書 つまり本書の初版本が難産の末 生まれでて
よろこんでいたのも束の間 発売から２カ月後に版元がなくなった。
『プレゼント』は幻のように書店から姿を消し かわりに
自分で買い取った何十箱という段ボールの大きな山が我が家に現れた。

知り合いの本屋さんに引き取ってもらったり イベントで売ったりと
地道にこつこつ切り崩していたところ 気がつけば残りわずか十数冊。
砂場の小山程度にまで小さくなった『プレゼント』を眺め
達成感と共に名残惜しさがじわじわと沸いてきた頃に
願っても無い 今回の復刊話をいただいた。

ひさしぶりに開いた『プレゼント』の文章はこそばゆく
そして誰かを思い 作ったものたちは 少しだけまぶしかった。
以降７年の間に わたしはどれだけのプレゼントを作ってきただろう。
日々の忙しさにかまけて 当時のようなフットワークで
作ることは出来ていなかったのではないだろうか？
静かに反省をしながら 今回の復刊を機に
プレゼントしたいと思いつつ先送りにしていた人には新たに作り
記憶深いプレゼントの持ち主には ちょっと返して と返還を求め
計８点のプレゼントが追加されることになった。

以前からのプレゼントと いまのプレゼント
流れるものにあまり違いはないように感じるけれど
表紙の自分と いまの自分に
７年という時の流れを感じずにはいられません。

編み方

編み方

| くさり編み |  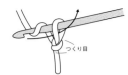 |

(1) 輪をつくり、糸を引き出してつくり目をつくる。
(2) ループから糸を引き出すことを目数分くりかえす。

こま編み

(1) 下段の目をすくって糸を引き出す。
(2) 糸をかけて2つのループを一度にひき抜く。

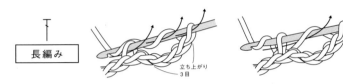 

長編み

(1) 糸をかけて下段の目をすくって糸を引き出す。
(2) 糸をかけて2つのループを一度にひき抜く。
(3) 針に残ったループを一度にひき抜く。

パプコーン編み

交差編み

(1) 同じ目に長編みを5目編み、針を入れ直して目を引き出す。
(2) くさり編みをする。

長編みを1目先の目に編んでおき、手前の目に戻って長編みを編む。

表引き上げ編み   裏引き上げ編み   輪のつくり方

 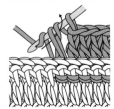 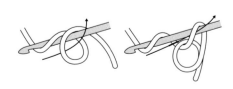

前段の柱を表側にすくって長編みする。　柱を裏側にすくって長編みする。

(1) 輪から糸を引き出す。
(2) 立ち上がりのくさり編みを編む。

▲ 編みはじめ　　人 糸をつける　　人 糸を切る

円に編む 糸でわをつくり、1段目は長編みで16目、以降は1段ごとに目を増やしながら好みのサイズになるまで編みます。

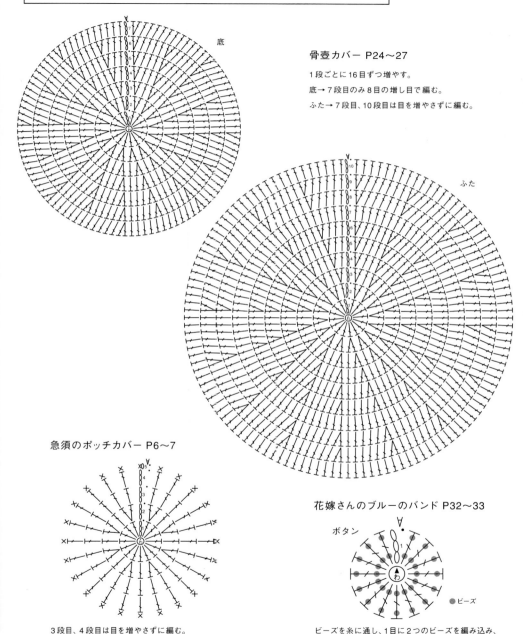

底

骨壺カバー P24〜27

1段ごとに16目ずつ増やす。
底→7段目のみ8目の増し目で編む。
ふた→7段目、10段目は目を増やさずに編む。

ふた

急須のポッチカバー P6〜7

花嫁さんのブルーのバンド P32〜33

ボタン

● ビーズ

3段目、4段目は目を増やさずに編む。
5段目はストレッチヤーンを編み込みながらこま編みで編む。

ビーズを糸に通し、1目に2つのビーズを編み込み、編み終わりの糸をひきしめ球にする。

編み方

四角に編む くさり編みのつくり目を長さ分編み、
1段ずつ符号図にそった編み方で往復に編みます。

パスポートケース P40〜43

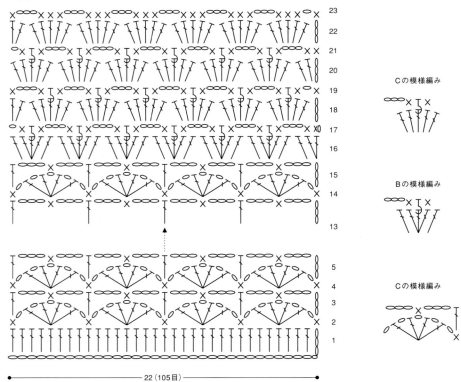

ポケット→1段目は長編み、2〜15段は模様編みA、16〜17段はB、18〜22段はC、
最終段は引き上げ編みを編まないでこま編みを編む。
ふた→2段目から21段までを模様編みCで編む。

ご祝儀袋 P64〜67

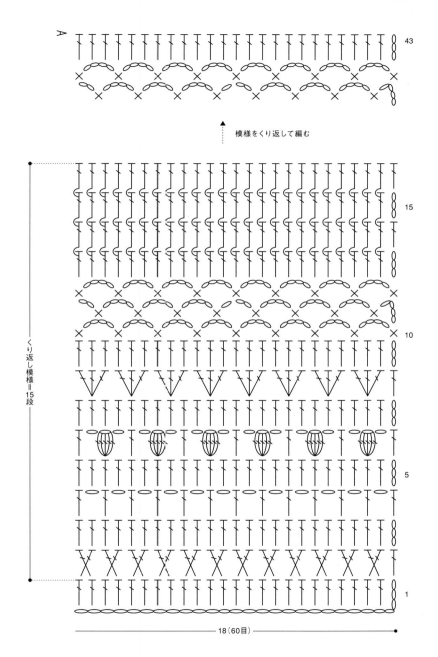

15段のくり返し模様を2回リピート、3回目のリピートは裏引き上げ編み3段分を編まないでくり返す。

編み方

応用 ひもを編む

花嫁さんのブルーのバンド P32〜33

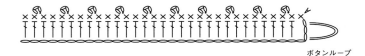

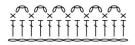
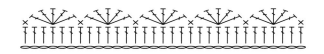
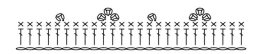
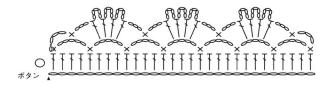

好みのサイズにくさり編みを編み、長編みを1段編み、
以降の段は、好みの模様を組みあわせて1本に編む。
片端にループ（くさり編み10目）を編みつけ、もう片端にボタンを縫いつけ、最後にビーズを飾る。

応用 目数を増減させて編む

ルームシューズ P12〜15

本体

甲

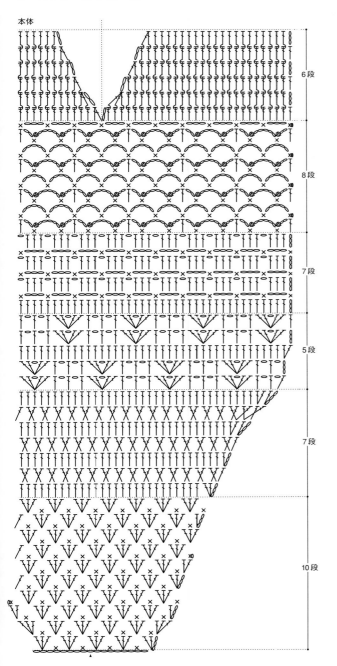
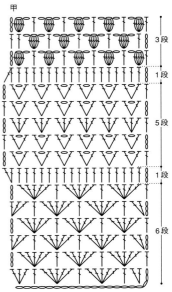

本体→1〜17段目は両端で目を増やして編む。
38〜43段は中央で目を減らして編む。
甲→本体のつくり目をひろって編み足す。

| プレゼント |

2015年12月24日 初版発行

著者： 横尾香央留

写真： ホンマタカシ

スタイリング： 高橋みどり（P78〜95を除く）

デザイン： 中村至男

トレース作製： 株式会社ウエイド（原田鎮郎　関和之）

編集： 安田薫子

発行人： 北畠夏影

発行所： 株式会社イースト・プレス
〒101-0051 東京都千代田区神田神保町2-4-7 久月神田ビル
TEL： 03-5213-4700　Fax： 03-5213-4705
http://www.eastpress.co.jp/

印刷所： 中央精版印刷株式会社
© Kaoru Yokoo, 2015, Printed in Japan
ISBN： 978-4-7816-1383-3

イラスト： 鈴木康広（P31）
フォント： Noritake（P81）

プロフィール

横尾香央留 / Kaoru Yokoo

1979年 東京生まれ。

アパレルメーカーで手作業を担当後、2005年 独立。

刺繍、かぎ針編みなどの緻密な手作業によるお直しを中心に活動。

著書：

『 プレゼント 』（ 雄鶏社 2009 ）

『 お直しとか 』（ マガジンハウス 2012 ）

『 お直しとか カルストゥラ 』（ 青幻舎 2015 ）

展覧会：

「 お直しとか 」（ FOIL gallery 2011 ）

「 変体 」（ The Cave 2012 ）

「 拡張するファッション 」（ 水戸芸術館、丸亀市猪熊弦一郎美術館 2014 ）

など。